AF236661

Die Hochzeit des Sisyphus

HEITER

Die Hochzeit des Sisyphus

Miniaturen

Bibliografische Information der Deutschen Nationalbibliothek

Die Deutsche Nationalbibliothek verzeichnet diese Publikation in der

Deutschen Nationalbibliografie; detaillierte bibliografische Daten sind

im Internet über http://dnb.d-nb.de abrufbar.

Umschlagdesign, Satz, Herstellung und Verlag:

BoD – Books on Demand, Norderstedt

ISBN 978-3-7562-8133-6

Inhalt

Der Toast des Trauzeugen

Berausch dich, Freund, sei immer trunken!
Denn hier ist er verborgen, deines Lebens Sinn.

Um nicht die Zeit vergehen zu sehen,
die leise dir die Knochen bricht,
dein kleines Ich unmerklich fast zu Boden drängt,
sollst du im Rausche leben, pausenlos.

Woran berauschen doch, am Wein, der Liebe,
folgsam an der Pflicht?
Du hast die Wahl, doch such den Rausch!

Denn liegst du grau im Staub der Gosse,
weinst Tränen kalt im Garten vor dem Schloss,
kniest du auf Stufen unter'm Kreuz erschüttert,
und stierst du sinnlos aus der Nacht ins Nichts,

dann frag den Wind, den Stern, die Welle, frag den Fisch,
die Uhr, den Vogel, frag, was flieht, was rollt, was weht,
frag laut, was singt, was spricht, was seufzt, was ruft,
doch! – frag sie alle, was die Stunde schlägt,

und Vogel, Welle, Fisch, Uhr, Wind und Stern,
sie alle werden dir bedeuten:

»Die Zeit des Rausches ist gekommen!

Willst du nicht Sklave des Verrinnens sein,
auf blutzerschundener Haut die Geißel schmecken,
so such ohn' Unterlass den Rausch,
am Leben, Sterben, oder einfach bloß am Glück,
du hast die Wahl!«

(Einer Vorlage von Baudelaire sehr frei nachempfunden)

Der Trauzeuge und der Pater

Da habe ich ja einen echten Ehrenplatz. Freut mich, Pater! Faust ist mein Name, wir haben uns ja soeben schon die Hand geschüttelt. Und hier liegt ja auch das Namenskärtchen der Trauzeugin, wo steckt die eigentlich, ach, da ist ihre Tasche.«

Der Geistliche murmelte etwas vor sich hin.

»Sie haben sehr eindringlich gepredigt. Ich höre so etwas nicht gerade oft. Hat mir gut gefallen!«

»…« Man verstand den Pater schlecht.

»Zugegeben, eher selten! Doch auch die Sache mit dem Froschkönig fand ich sehr gut! Sie küsst den unbekannten Frosch, und es verändert sich nichts. Dann klatscht sie ihn an die Wand, und da erst wird er zu ihrem Prinzen! Nicht schlecht! Das ist echte Beziehungskultur! Aber warum haben Sie auf das Märchen vom Fischer und seiner Frau Bezug genommen? Will die Braut unsterblich sein? Reicht ewig jung und schön nicht?« Er lachte kurz.

»…«

»Also gut, Sie sprechen von Vertrauen. Die beiden Eheleute tun gut daran, und Sie bestärken sie auch darin, dass sie sich gegenseitig vertrauen, das ist Grundlage. Bis dahin konnte ich Ihnen folgen.«

»…«

»Dachte ich es mir! Da, wo Sie eine Vertrauensschwäche beim Menschen feststellen, predigen Sie Gottvertrauen. Das ist für mich schwer zu verstehen. Die beiden müssen es doch jetzt miteinander ritzen, miteinander, und sich nicht einer dritten Person, und dann auch noch einer so fernen, zuwenden.«

»…«

»Davon ganz abgesehen! Ich befürchte doch eher, dass wir allein auf der Welt sind, ohne Schutz, aber auch ohne liebgewonnene Vorschriften. Wir müssen mit unseren eigenen Fähigkeiten und unvorhergesehen Chancen klarkommen und sind verantwortlich nur uns selbst gegenüber.«

»…«

»Nein, nicht als Egotrip, ich meine, was die Frage nach Gut und Böse angeht, ist doch jeder selbst seine einzige Instanz, wenn wir bloß den Mut dazu haben, und das ist, wenn man nicht nur die Ansichten vorangegangener Geschlechter zu Grunde legt, sondern selbst abwägen möchte, durchaus viel Aufwand.«

»…«

»Ihr Allbarmherziger wird mir meine kleinen Verstrickungen nachsehen, wenn es doch einmal notwendig werden sollte, Sie haben mir doch vorhin Vertrauen empfohlen.«

»…«

»Na ja, Pater, Schuld, allein weil wir auf der Welt sind? Das habe ich mir doch nicht ausgesucht.«

»…«

»Meinen Sie wirklich, dass es im endlosen Strom der Kausalitäten ein Scheitern überhaupt gibt? Sind es nicht nur enttäuschte Erwartungen?«

»…«

»Moral ist freiwillig!«

»…«

»Das eröffnet die verschiedensten Möglichkeiten! Man kann sich immer wieder bemühen, das Gute möglichst anzustreben, ohne dass man enttäuscht sein muss oder gar bestraft wird, wenn man es nicht erreicht. Meistens verursacht man dabei ungewollt Nebenwirkungen. Ich habe mich darüber schon oft mit dem Bräutigam unterhalten. Er führt in diesem Zusammenhang das Bild der mathematischen Asymptote vor Augen. Ein Ideal zu erreichen ist schwierig auf Erden, Abweichungen einzuplanen und ihre Wirkungen zu beherrschen hingegen ist die höhere Kunst. Jeder Ingenieur weiß das, und wir Ärzte müssen leider auch so arbeiten.«

»...«

»Ja, natürlich, die Freiheit! Meistens ist es eher eine ungerufene Notwendigkeit, das eigene Leben in die Hand zu nehmen. Und selbstverständlich dürfen wir sehr gerne Verantwortung übernehmen, für einzelne Menschen wie auch insgesamt für die Beschaffenheit der Erde. – Wo bleibt eigentlich die Trauzeugin?«, fragte er sich selbst.

»...«

»Aber Sie wissen doch, dass manche Eltern mit der Verantwortung sogar für ihre eigenen Kinder recht halbherzig umgehen. Das tut den Kindern in der Regel nicht gut, ist angesichts der Größe der Aufgabe allerdings oft nachvollziehbar. Vermutlich haben Sie wie ich keine eigenen. Mir ist die Verantwortung – ehrlich gesagt – zu groß! Kein Vater kann garantieren, dass sein Kind keine Qualen erleidet. Ich möchte mir gar nicht vorstellen, dass mein eigenes Kind unter Todesangst leidet, auch nicht im hohen Alter, wenn der Vater ja wünschenswerterweise selbst nicht mehr dabei ist.«

»Haben Sie Angst vor der ewigen Verdammnis für Ihr Kind?«, konnte Fausto den Pater raunen hören.

»Daran hatte ich bislang noch nicht gedacht. Unendliche Barmherzigkeit, wenn es sie denn gibt, kommt jedem zu Gute, letztendlich ist jede Seele auserwählt. Mir geht es eher um die Verantwortung, die eben Ausdruck der Freiheit ist! Niemand zwingt uns, Verantwortung zu übernehmen. Manchmal muss man selbst die Folgen dessen tragen, was man tut, manchmal trifft es andere. Daher lautet meine These von soeben, dass Moral zumindest weitgehend auf Freiwilligkeit fußt.«

»...«

»Doch, ich kann behaupten, dass die Maxime meines Verhaltens, hier also meines Unterlassens, als allgemeines Gesetz für jedermann in einer menschenwürdigen Weise zur Heilung dieses Planeten führen würde. Für die Umwelt wäre das bei weitem das Allerbeste, und es bräuchte keiner Hand an sich selbst zu legen!«

»...«

»Ja, ich bin da auch nicht für, das macht mich auf eine seltsame Weise traurig, sogar, wenn ich von jemandem höre, den ich gar nicht kenne! Es wirkt auf mich wie der Vorwurf, dass es bei uns nicht schön wäre oder wir jemanden im Stich gelassen hätten.«

»…«

»Klar, Pater, es ist gut, Menschen vor Leid zu bewahren, selbstverständlich! Aber was nützt es, zuerst Menschen in die Welt zu setzen, um sie dann vor Leid zu bewahren. Wenn man also jedem Menschen ein menschenwürdiges Leben ermöglichen will, mit Nahrung, Hygiene, ärztlicher Versorgung, Kultur, dann ist es wohl am besten, keinen Nachwuchs zu haben. Wenn alle freiwillig so handelten, würde die Natur innerhalb einiger Jahrzehnte genesen können, ohne dass ein lebender Mensch deswegen verzichten oder leiden müsste. Im Gegenteil, wenn auch in weniger entwickelten Gegenden die Alterssicherung ohne Kinder gewährleistet würde, könnten alle in größerem Wohlstand leben als heute. Denn Kindererziehung kostet auch Ressourcen, das vergisst man leicht. Es bedarf also eines weltweiten Erziehungsprogramms, hin zu einer Einsicht, dass nicht derjenige der Wertvollste ist, der sich gegen jeden Verstand sinnlos vermehrt. Dagegen werden zwar ethnische oder religiöse Gruppen wettern und aus ihrem Gruppenegoismus heraus das Gegenteil predigen. Aber man muss erst einmal anfangen, und dabei könnte eine friedfertige Mönchskultur wie die Ihre sogar Vorreiter sein! Das Kloster als Avantgarde der Vernunft, wer hätte das gedacht!«

»…«

»Überlegen Sie mal! Ein Kind, das heute geboren wird, wird vielleicht hundert Jahre lang Strom verbrauchen, teilweise sogar noch fossilen Treibstoff und Erdgas. Und für seine Ernährung werden Tiere in engen Käfigen gehalten, mit Antibiotika vollgepumpt und am Ende geschlachtet. Und wenn es ganz schlimm weitergeht, bekommt dieses Kind wieder Kinder, vielleicht mehrere, die abermals für hundert Jahre den Lebensraum der Natur zubetonieren und sich dann auch noch unter großen eigenen Opfern weitervermehren. Ich lebe da lieber in Saus und Braus, helfe heutigen Menschen, die in Bedrängnis sind, immerhin bin ich Arzt, aber ich trage nicht dazu bei, dass der Raubbau an Mutter Erde fortgeführt wird. Jeder Esel, jede Schlange, jede Fliege lebt besser, wenn die Menschheit vernünftig genug ist, sich zurückzuziehen.«

»…«

»Tatsächlich nehme ich an einem Testprogramm teil, bei dem die Probandinnen und Probanden mit Hormonkuren alle zwölf Jahre wiederaufgefrischt werden. Wenn das gelingt, werden anfangs die Schönen und Reichen, eines guten

Tages vielleicht sogar alle Menschen sehr lange leben können, gewissermaßen ohne Ende, sofern nicht ein Unfall passiert oder sie gezielt getötet werden. Natürlich wird es zuerst Neiddebatten geben, die auch politisch motivierte Anschläge hervorrufen könnten. Aber stellen Sie sich vor, Sie gehen eines Tages nicht in den wohlverdienten Ruhestand, sondern nehmen eine mehrjährige Sabbatzeit und machen außer einer Weltreise auch eine neue Ausbildung, um dann wieder vierzig Jahre lang am allgemeinen Wohlergehen mitzuwirken. Spannend, wirklich!«

Der Geistliche sah ihn mit seinen großen Augen an. »Sie verderben mir soeben den Appetit, Herr Dr. Faust!« Er wirkte angewidert.

»Das verstehe ich nicht, Pater«, fuhr Fausto fort. »Für Sie muss es doch auch um die Bewahrung der Schöpfung gehen, bevor der Mensch alles kaputt macht und anschließend auch selbst noch dabei draufgeht.«

»…«

»Bitte, Pater! Die Welt ist eigentlich auf ganz natürliche Weise entstanden, aber meinetwegen sei diese ganze Entwicklung sogar durch einen willentlichen Akt in Gang gebracht worden. Allerdings entwirft sich die blinde Natur seit dieser göttlichen Initialzündung eher ziel- und zwecklos, ohne Sinn und Verstand, und auch wir leben ohne Aufgabe!«

»…«

»Ach, der große Plan! Meinen Sie wirklich? Hier in dieser Hackordnung sind wir doch nur in einem einzigen großen Getriebe das beinahe unverzichtbare Rädchen, nämlich in der Nahrungskette. Der vermeintliche Sinn allen irdischen Lebens ist doch, anderen Lebewesen ihr ebenso sinnloses Leben zu ermöglichen, indem der eine sich als Nahrung für den anderen zur Verfügung hält. Leben lassen durch Leben lassen also! Sehen Sie sich doch die schweren Platten hier an, natürlich, es soll ja auch ein Festmahl sein. – Wo bleibt die feine Dame denn jetzt, wir sollten auf jeden Fall schon mal anstoßen, Pater! – Auf das Brautpaar!«

»…«

»Ach was! Die Entstehung des Lebens aus der toten Materie war bereits der Sündenfall. Die Erkenntnis des Menschen lässt ihn bloß leiden, tut aber eigentlich gar nichts zur Sache. Meinen Sie nicht, dass der Storch schon den Lurch gefressen hat, bevor es Menschen gab, und die kleine Kröte dabei vor Angst gezappelt hat? Seit seiner Entstehung entwickelt sich weiteres Leben auf Kosten des bestehenden, und was nicht wegläuft, wird verwertet. Selbst das harmloseste Moos verzehrt die Baumrinde, egal, ob der Baum gesund ist oder nicht.«

»…«

»Ja, das ist sinnlos!«

»...«

»Wieso sollten wir uns fremd fühlen in der Welt, wir sind ein Stück der Welt, wir sind immanent.«

»...«

»Reden Sie über Psychosen?«

»...«

»Wir gehören doch mit unserem Hunger, mit unseren Krankheiten, mit unserem Sicherheitsbedürfnis und vor allem unserer Angst genau in diese Welt.«

»...«

»Aber jetzt mal ehrlich, bevor ich Sie das Essen genießen lasse! Unsere sympathische Tischdame kommt offenbar nicht. Ohne Kinder verlieren Kriege wegen Ackerland und Weidegründen, zur Gründung von Kolonien, ja selbst um der Bodenschätze Willen ihren vermeintlichen Sinn. Jeder noch so unglücklichen »Volk-ohne-Raum-Doktrin« würde damit Blut und Boden entzogen! Und neben den menschlichen Tragödien, die gleichzeitig mit dem Krieg entfielen, wäre das auch ein großer Gewinn für die Erholung der Umwelt, wenn keine Panzer mehr rollen würden, keine Bomben mehr fielen, keine Mienen mehr hochgingen.«

»...«

»Hundert solcher Ballungsräume wie das Ruhrgebiet, wie Paris, London, Seoul, Tokio, Delhi, São Paulo, Johannesburg, mit großem räumlichen Abstand zueinander, auch ein größeres, verdichtetes Tel Aviv, weit genug weg von Kairo und Teheran, in gemäßigten Zonen, vielleicht noch Moskau, meinetwegen Shanghai, Kuala

Lumpur, Jakarta, Nairobi, mir fallen noch einige ein, mit jeweils 10 Millionen Bewohnern und einer wirklich ganz dünnen Bevölkerungsdichte überall sonst, insgesamt nicht mehr als eine Milliarde Menschen, das wäre für den gesunden Fortbestand der Menschheit völlig ausreichend und für ein nachhaltiges Wirtschaften viel besser. Und neben den lokalen Sprachen, immerhin hundert davon könnten überleben, müssten sich diese Stadtstaaten verschiedenster Demokratiebeziehungsweise Autoritätsgrade zur souveränen Abstimmung untereinander eines aus Wissenschaft, Handel und Diplomatie stammenden mathematisch-logischen Idioms bedienen. Und natürlich müssten die Menschenrechte eingehalten werden, in Indien und China wurde die Todesstrafe schon als unmenschlich angesehen, da lebte in Griechenland Sokrates noch.«

»Mensch Fausto, hören wir da wieder deine Platte von der Umweltschädlichkeit des entfremdeten Menschen?« Die Trauzeugin kam an den Tisch.

»Grüß dich, *daminha de honra*! Des aus der Art gefallenen Menschen eher, weil er sich eben nicht wie jedes andere Säugetier benehmen kann! – Wir haben in der Tat gerade ein schwieriges Thema beendet, zu dem du noch den letzten Schliff hinzufügen kannst. Wir haben beide, der Pater und ich, aus ganz unterschiedlichen Beweggründen keine Kinder! Ich glaube, dass Kinder die Wurzel allen Übels sind. Wie siehst du das?«

»Weißt du, Fausto, bei mir ist es ganz einfach! Es gibt einfach zu wenig gute Männer. Und bei der Auswahl eines geeigneten Vaters für mein Kind will ich auf keinen Fall Kompromisse machen.« Sie lachte! »Ja, guck mich nicht so erstaunt an, oder stimmt das etwa nicht? Vor einiger Zeit habe ich sogar schon mal an dich gedacht! Aber dafür brauche ich natürlich Referenzen. Du kommst eigentlich nur in Frage, wenn du schon andere Kinder vorweisen kannst, die genetisch gut geraten sind!«

»Da muss ich wohl offiziell passen! Wie schade!«, witzelte er. »Ich habe es übrigens schon mal befürchtet. Weißt du noch, beim Segeln, als wir zwei, nur in Badesachen, in der Kajüte lagen und uns »*Das Liebespaar in der bildenden Kunst*« oder so ähnlich gewissermaßen vor die Brust genommen haben! Das war sehr speziell.« Fausto grinste.

»Ja. Ich habe mich an diesem gnadenlosen Sommertag sehr bohème gefühlt, nur mit einem Kunstband bedeckt über Liebe und Schönheit zu theoretisieren, bis die güldne Sonne das schäumende Meer küssend in Veilchen und Aprikosen taucht. Hm!« Sie lachte aus junger Kehle! »Ist eigentlich viel zu romantisch für mich, und auch zu dekadent. War aber schön, Fausto. Ich habe das später im Kollegenkreis erzählt, und danach wollten alle mit mir segeln gehen.« Sie lachte. »Was machst du im späteren Sommer, August, September? Ich habe noch keine direkten Pläne. Auf dein Wohl!« Sie hob das Glas. »Oder hast du Angst, dass ich dich aus dem Boot werfe und am Ende noch deine Achillesferse treffe?«

»Auf deins, und auf das des Brautpaares. Natürlich, nichts lieber als das!« erwiderte Fausto beinahe verlegen und schielte zum Pater. »Ich fliege übrigens in zwei Wochen nach Brasilien und treffe dort auch das Brautpaar. Falls du mitkommen möchtest, bekommst du so kurzfristig frei?«

»Das werde ich wohlwollend prüfen. – Darf ich Ihren hochnäsigen Gesprächspartner für eine Weile entführen, Hochwürden? Er behauptet nämlich in der Öffentlichkeit, dass er Tango tanzen kann, was ich mir nur schwer vorzustellen vermag. – Komm, keine Müdigkeit, das ist sehr gesund vor dem Dessert!«

Fausto stand ein bisschen schwerfällig auf. »Weil du es bist!«

»Du bekommst auch einen süßen schwarzen Kaffee und eine Zigarre für danach!«, neckte sie ihn. »Jetzt aber zeig mir, dass du Taktgefühl hast!«

»Tangere, tango, tetegi, tactus«, murmelte der Mönch vor sich hin, »wenn ich diese beiden über's Jahr nicht auch noch trauen muss!«

Wie der Bräutigam
die Trauzeugin kennengelernt hat

Sie können aber schön Klavier spielen, Matrose. Wieso sind Sie nicht beim Musikkorps?«

»Um dort Marschmusik zu spielen? Eigentlich ganz lustig, Leutnant, nur – mit dem Klavier beim Großen Zapfenstreich? Nein! Ich werde jetzt ein paar Monate lang zur See fahren. Das ist eine unwiederbringliche Gelegenheit!«

»Warum unwiederbringlich? Haben Sie Familie?«

»Nein, jetzt eben nicht, aber später vielleicht!«

»Vielleicht, man weiß es nicht, alles ist im Fluss.« Sie witzelte. »Seien Sie doch froh. Sie könnten, wenn Sie wollten, ein Leben lang zur See fahren!«

»Ich werde das nicht wollen, Leutnant! Und auch bei Ihnen dürfte sich das auf ein paar junge Jahre beschränken. Frauen sind in der Handelsschifffahrt weiterhin echte Exoten, und bei der Marine werden Sie nur bleiben, wenn Sie Admiral werden.«

»Ja«, lachte sie, »da haben Sie recht, und bis dahin ist es noch ein echt weiter Weg. Aber Sie, Matrose, Sie könnten sich sehr viel Wind um die Ohren sausen lassen. Was sollte Sie wieder an Land treiben?«

»Wissen Sie, wer weiß schon, wohin der Sturm einen bläst. Vielleicht lande ich eines Tages als Gigolo auf einem Kreuzfahrtschiff und bringe Veteranen wie Ihnen die neusten karibischen Schritte und Rhythmen bei. Aber in einer Befehlsstruktur wie dieser hier bleibe ich natürlich keine Sekunde länger als nötig.«

»Zu welcher Einheit gehören Sie denn, Matrose, wenn ich fragen darf? Es scheint Ihnen ja nicht gut zu gefallen.«

»Zu Ihrer, Leutnant, allerdings erst ab Mitternacht!«

»Haben Sie gerade die Grundausbildung hinter sich? So grün hinter den Ohren sehen Sie gar nicht aus.«

»Schwer zu beurteilen«, gab er zurück. »Wie lange haben Sie denn bis zum Leutnant gebraucht? Sie sind doch bestimmt nicht älter als ich, wenn ich das mal so sagen darf!«

»Sie dürfen, Matrose!« Sie lachte kurz! »Ein paar Jahre lang bin ich nämlich schon unterwegs, Kasernen, Schulungen, Gorch Fock, Piratenjagen vor Somalia, so blau ist das Wasser nirgendwo, und jetzt die Aurora, die Göttin der Morgenröte. Ein kurzes schnelles Schiff mit großer Kraft, klein und gemein. Ich hoffe, ich muss nie länger in einer Amtsstube sitzen. Früher bin ich viel gesegelt. Können Sie segeln? Kommen Sie, wir trinken einen Kaffee, ich habe vorhin schon Sekt getrunken, das reicht mir! – Was haben wir denn früher gemacht? Sind irgendwelche highlights zu berichten?«

»Uni!« Er drehte die rechte Hand nach vorne, als wollte er etwas Imaginäres ausschütten. »Das haben Sie noch vor sich, Frau Admiralsanwärterin, und dann erleben Sie wahrscheinlich eine langweilige Zeit, werden jedoch diese – hm, darf ich? – diese Bootsmannssprache ablegen, und an Seilen herum zu klettern und Wind und Regen zu trotzen, das sind auch nicht gerade akademische Disziplinen.« Er strahlte sie an. »So, jetzt habe ich also schon vor Dienstantritt bei Ihnen verspielt! Aber Ihre Rache gehört zu meiner Reifeprüfung! Ich werde das aushalten! Und Kielholen ist ja, glaube ich, offiziell abgeschafft!« Er grinste.

»Ja! Klingt etwas überheblich, junger Mann! Ab morgen bin ich Ihre Vorgesetzte! Schon vergessen?« Sie lachte zurück. »Aber machen Sie sich mal keine Sorgen! Sie haben es getroffen, recht genau sogar. Haben Sie früher Sport getrieben, etwas anderes als Fußball? Ich trotze wirklich gerne Sturm und Regen, wenn der Boden unter mir schwankt, und die Turnübungen an Seilen und Strickleitern sind draußen im Wind tatsächlich etwas Besonderes. – Wissen Sie was? Wenn Sie noch ein paar Mal Admiral zu mir sagen, glaube ich es nachher noch selbst, und das ist die beste Grundlage für den Erfolg, wie Ihnen gewiss bekannt ist.« Sie löffelte mit großen Augen den braunen Rest des Milchschaums aus Ihrer Tasse und lächelte etwas verlegen! »Ich bekomme selten so unverblümt die Schönheit der Welt ins Gesicht gesagt, weder den blauen Bootsmann noch den goldenen Admiral. Angst scheinen Sie ja nicht direkt zu kennen, oder?«

»Angst ist relativ, Leutnant! Angst vor einer – sagen wir – sympathischen Vorgesetzten und Existenzangst in einem einstürzenden Bergwerk sind doch eher zweierlei.«

»Klingt nicht uninteressant, Ihr Vergleich da. Und immerhin scheinen Sie ein ganz vergnügtes Temperament zu sein, wie mir scheint. Das schadet nie, wenn man mit seinen Kameraden auf engem Raum lebt. – Mögen Sie einen Cocktail, wie wäre das? Kaffee hatten Sie gewiss genug jetzt, oder?«

»Es ist allein eine Frage der Reihenfolge, Leutnant. Wenn Sie mir noch aus der großen weiten Welt berichten wollen, wäre ein papa doble nicht verboten! Gegen Mitternacht darf es dann auch noch einmal ein kurzer schneller Kaffee mit großer Kraft sein, klein und gemein, wie Sie sich eben ausgedrückt haben! Sie auch?«

»Nein, besser nicht. Also gut, doch noch einen Sekt, oder einfach einen Weißwein! – Was haben wir denn für Weine, den leichten von letztens, was war das, ein Weißburgunder?« Der Barmann wusste Bescheid.

»Aus der großen weiten Welt also? Ich sage Ihnen ganz ehrlich, ich habe keine ethnologischen Untersuchungen angestellt. Die See ist universal, überall gleich und doch jeden Tag anders. Ich bin am Horn von Afrika in Häfen gewesen, die natürlich interessant und sehenswert sind. Manche wirken recht zwielichtig. Also gut, eine Schote erzähle ich, eine ganz makabre Geschichte. Wollen Sie die hören?« Er nickte.

»Echtes Seemannsgarn ist das! Stellen Sie sich ein eher kleineres, vielleicht durchschnittliches Passagierschiff vor, keine hundertachtzig Meter lang, weiß von vorne bis hinten, kein Blau, kein Mahagoni, nichts, mit überwiegend braungebrannten arabischen Matrosen, ebenfalls alle von Kopf bis Fuß in Weiß, auch mit weißen Bändern, unter der billigen Flagge eines nicht international anerkannten Hafens an der somalischen Küste, weißer Totenkopf auf weißem Grund. Mit an Bord waren Ärzte, Pfleger, Psychologen, was weiß ich, vielleicht auch Geistliche. Sogar Journalisten sollen da manchmal mitfahren, Spanner schreiben für Spanner, übelst voyeuristisch.« Sie versprach sich kurz.

»Der Käpt'n ist sein eigener Reeder, ein ehemaliger Seeräuber, Freischärler, Waffenhändler, Freiheitskämpfer, Somaliländer wahrscheinlich oder Eritreer dürfte er sein, ein echter Spinner, der mindestens hundert Mal seine Großmutter verkauft und der nach seiner zweifelhaften ersten Karriere seine Beute so gut angelegt hat, dass seine schönen Töchter in der Schweiz gemeinsam mit Diplomatenkindern zur Schule gehen und gute Partien für unsere Fürstenhäuser abgeben, für die Klatschpresse wie geschaffen. Wahrscheinlich hat er inzwischen auch einen schweizerischen Pass, für die alten Tage, man kann ja nie wissen, oder Monaco, mit Blick auf's Meer.

Abgesehen von den üblichen Restaurants und dergleichen ist das Schiff ausgerüstet mit Kranken- und Pflegeeinrichtungen. Auf den Stationen werden alte und kranke Menschen soweit behandelt, wie es der selbstgesteckte Zweck der Reise erfordert, mit Schmerzmitteln, Gymnastik, Massagen und Drainagen, was weiß ich. Notare verfassen in kleinen Büros Testamente und Nachlässe. Alte Witwen verspielen in den Kasinos das Vermögen ihrer Männer, bis endlich alles verloren ist und sie dann unter lautem Klagen und Zetern abdanken.

Zuerst habe ich das als schlechten Witz empfunden, aber das Leben auf dem Schiff ist nicht teurer als in einem Altenheim. Vor allem die Bestattung ist günstig, wenn man nicht wieder an Land gebracht werden will. Für solche Ausnahmen gibt es Kühlräume, direkt neben den Lagerstätten für Pampelmusen und Ananas. Die gewohnten Hygienevorschriften gelten nicht unbedingt. Wozu auch? Keiner kontrolliert, und der Käpt'n erfreut sich einer doch beträchtlichen Warteliste. So ein Schiff ist eigentlich auch rollstuhlgerecht gebaut, und alle Ebenen sind mit Fahrstühlen verbunden. Gut, bei Seegang mag es auch schon mal besser sein, mit dem Rollator in der Kajüte zu bleiben oder sich am Esstisch anzuschnallen. Aber im Prinzip ist alles unter einem Dach, man muss nicht einmal eine Dorfstraße weit gehen, um alles zu erreichen, was das Herz begehrt. Kein Kurort ist so verdichtet wie ein Kreuzfahrtschiff.

Die Passagiere tragen eine nummerierte Plakette um den Hals, so dass eine etwaige spätere Identifizierung möglich ist. An der Reling werden korrespondierend kleine Vorhängeschlösser aufgehängt, in die eingraviert der Name des Vermissten, das Datum sowie die Nummer der Halsplakette zu lesen sind. Klar, es sind auch schon Personen verschwunden, die nicht ausdrücklich einverstanden waren, so genau nimmt es der Käpt'n nicht. Eine unaufgeregte Art, die heiß geliebte Schwiegermutter loszuwerden, würde ich sagen.

Angehörige und auch die Journalisten steigen ja eigentlich an dem Bestimmungshafen wieder aus, wenn der Verwandte es geschafft hat oder die Story steht. Filmen ist übrigens offiziell nicht gestattet, aber Urlaubsvideos vom blauen Meer werden natürlich gedreht, und auf diese Weise sollen eben auch schon verwertbare Materialien herausgesickert sein. Ein Fernseh-Interview in den Staaten mit einem Verwandten, der Verständnis für seinen todkranken Angehörigen hatte, sich jedoch dankbar dafür zeigte, dass er die herausgeblasene Hirnmasse nicht von den Badezimmerfliesen kratzen musste, hat vor einiger Zeit eine große Welle der Empörung aufgeworfen. Japaner scheinen damit anders umzugehen, wie ich höre.

Die Tanzveranstaltungen, die abends im großen Ballsaal stattfinden, Disko, Tanztee, zuweilen auch wirklich Bälle mit langer Garderobe, dienen wie immer der Ablenkung vom Leben selbst. Leichte Mädchen im kleinen Weißen und Jungs in Matrosentracht helfen den Verzweifelten dabei, das Leben noch einmal richtig zu genießen, bevor sie singend das Schiff verlassen. Es soll sogar schon vorgekommen sein, dass Passagiere so erfolgreich miteinander geflirtet haben, dass sie vergaßen, wozu sie eigentlich dort waren.

Einmal schäkerte die junge Frau eines todkranken New Yorker Grundstücksmaklers gnadenlos mit dem Neffen eines großzügigen Geschäftsmannes aus Odessa. Der junge Mann ist über Bord gegangen, und nie wurde jemand belangt. Wie denn auch? Der Käpt'n ist Souverän auf seinen Planken. Im Logbuch stand lediglich: *»Vermisst in den mosaischen Gewässern vor Eilat.«* Der kleinmütige Onkel hat noch seinen Schlamassel beklagt und die Schickse beschimpft, doch bevor er zuhause anrufen konnte, wurde er auch schon über's Geländer geworfen. Er hatte die Reise vorab bezahlt, und der Amerikaner wird auch nicht kleinlich gewesen sein. Die junge Frau hieß Erin, ein irischer Name, wie sie betonte. Als ihr Mann später sprang, trug sie Stulpen aus Zobelfell. Der Wind an Deck kann sehr frisch sein.

Eher rücksichtslos hat es ein Maler gemacht, ein echter Lebenskünstler, der vorgab, seinen letzten Sommer intensiv leben zu wollen. Er saß tagsüber bei gutem Licht und rubinleuchtendem Wein mit seiner Staffelei an der Reling und machte einer unglücklichen Stewardess den Hof. Der Maler erzählte ihr, dass sie etwas Besseres verdient habe und dass er mit ihr schwimmen wolle, im Pool, wenn kein anderer mehr da sein würde, zur Dinnerzeit vielleicht, machte Fotos von ihr, um ein Portrait von ihr zu malen, platzierte ihre schlanke Gestalt in den Vordergrund, Meer, Sand und Palmen in die Perspektive, ließ ihre blasse Haut bronzefarben glänzen. Er bat sie eines Tages, sie möchte ihren nächsten freien Tag nur mit ihm verbringen, sie könnten auf Sansibar an Land gehen, spazieren, essen, trinken, lachen. »Gib mir nur diesen einen freien Tag«, bettelte er, »danach sehen wir uns ohnehin nie wieder.« Ein seltsames Versprechen für einen Liebenden, aber darum ging es offenbar gar nicht, sie sollte wohl nur wissen, dass es keine Verpflichtung bedeute. Sie ging mit, und sie verbrachten einen wirklich schönen Tag, inklusive Mittagsschlaf nach einem opulenten Mahl in einem einheimischen Gasthaus. Im Prinzip war sie glücklich, wenn auch unruhig. Am nächsten Tag stieg der Maler abermals quietsch-fidel von der Gangway, fuhr zum nahen Flughafen und flog nach Hause. Als unser weißes Schiff dann wieder in See gestochen war, quittierte die Stewardess für immer den Dienst. Ein empfindliches Mädchen, würde ich sagen.

Andererseits, so manch gesunder Schuldner hat seine Halsplakette schon am Strand einer palmenumsäumten Insel an einen Zaun gebunden und ist später, wenn sein Ableben dann amtlich war, in der kalten Heimat saniert wieder aufgetaucht. Das ist ein gefährliches Leben, wenn man stets seine gesamte Barschaft am Mann haben muss und eigentlich nirgendwo vermisst wird. Schnell wird man dann ungefragt zur Vorspeise der Haie.

Im Grunde geht es hier um eine zur Vollendung gesteigerte Form der Sterbehilfe. Die Vorbereitung ist gründlich, jeder Versuch führt zum Erfolg, der zu erwartende körperliche Schmerz ist kurz, die Angehörigen können sich anständig verabschieden, der Fluch der bösen Tat bleibt nicht am eigenen Gartenhäuschen hängen, Bestattungsfragen kommen auch nicht auf. Das ist schon eine saubere Sache alles!

Jedenfalls bin ich immer froh gewesen, wenn ich wieder Wasser unterm Kiel hatte. Wasser, Sonne, Wind! Die Leute mit ihren bunten Farben und Gerüchen in den Häfen haben mich gar nicht so besonders interessiert, und ob sie ihr Stickmuster im Turban links- oder rechtsherum tragen und sich nach Mekka oder Mokka verneigen, war mir im Grunde gleichgültig. Das ist ignorant, oder?«

»Ja, ein bisschen schon.« Er grinste wieder. »Aber Geschichten erzählen können Sie, das kann man wohl nicht abstreiten.«

»Und damit ist mein Bericht über die große weite Welt auch schon beendet. Die Häfen in Nord- und Ostsee sind da etwas anderes. Wenn Sie da frei haben, im Oslofjord oder in den Schären, und Sie gehen ein bisschen feiern, haben Sie in der Regel mit Leuten wie du und ich zu tun. Eine sehr nette Zivilisation herrscht dort. Ganz unkompliziert! Keine archaischen Verbote, keine Schleier für Frauen, keine Vorbehalte gegen Offiziersanwärterinnen, keine Standesdünkel. Ähnlich wie hier an der Küste. – Ich fürchte, da haben einige Jungs noch bleibende Schäden von mir zurückbehalten!« Wieder lachte sie und prüfte die Farbe ihres schon warm gewordenen Weins.

»Und Sie, haben Sie Narben bekommen, die sich manchmal noch melden?«, fragte er.

»Soweit ich sehen kann, nicht. Ich feiere gerne. Nicht jeder kann damit umgehen. Aber für mich ist es Teil meiner Lebensweise, allein das passt zu mir, glaube ich. Wenn ich von etwas anderem Narben hätte, würde ich mir eine Serie von Partywochenenden und Segeltörns verschreiben.«

»Klingt ein bisschen wie überzeugter Single. Das heißt, wenn Sie nicht dienstlich wochenlang auf hoher See sind, sind Sie gleichwohl nicht sesshaft. Ist das anstrengend, oder wollen wir das auch einfach nicht uninteressant nennen?«

»Wie gesagt, alles andere würde mir nicht liegen. Jedenfalls auf absehbare Zeit nicht! Ich bin ja nicht verpflichtet, mit fünfzig noch genauso zu leben. Bis dahin muss irgendein Stammesältester einen Partner für mich finden, und der muss das dann aushalten, als Strafe für ein sehr schweres Verbrechen oder als Opfer für einen höheren Zweck.« Sie kicherte.

»Da haben Sie auf Ihren Weltumsegelungen also doch gut aufgepasst«, lachte er.

»Kann sein.« Sie nahm einen Schluck Wein. »Und Sie? Ist das Studentenleben so lustig, wie berichtet wird?«

»In Prüfungsphasen nicht! Und die meisten müssen immer stark mit dem Geld haushalten. Aber in diesen Rahmenbedingungen kann man sich, auch wegen der freien Zeiteinteilung, recht gut bewegen, und es ist auch eine Beziehungsbörse, wenn Sie das wissen wollen.«

»Ja, das will ich wissen.« Sie schmunzelte. »Börse heißt, es wird getauscht! Sehr schön!«

»Ja, Börse, analog Geldbörse, kann auch heißen, es wird bewahrt und mit sich herumgetragen. Gut, und dann wird eben getauscht, mal nach kürzerer Zeit, mal nach längerer, je nachdem, wie der Kurs sich entwickelt. Meistens jedoch nicht am selben Abend, so wie ich Ihre Fjord-Geschichten verstehe.«

»Na ja, für ein längeres Wochenende hat es oft doch gehalten!« Sie gab sich missverstanden. »Aber für mehr ist es ja auch nicht vorgesehen. Ist doch klar, dass wir in ein paar Tagen wieder in See stechen, da gibt es nichts zu beschönigen. Das erwartet auch keiner. Turbulenzen gibt es nur, wenn man unangemeldet wiederkommt.« Sie rief den Barmann zu sich. »Wäre es jetzt an der Zeit, Herr Matrose, dem Reiz des kleinen Schwarzen nachzugeben? Wieso eigentlich klein? – Zwei doppelte Mokka bitte! – Ist das

Recht? Nicht, dass Sie noch die Treppe herunterstürzen vor Müdigkeit! – Für mich mit Kardamom. – Für Sie auch? – Also beide! Und die Rechnung bitte! – Die Flirts von gestern«, fuhr sie fort, »sind heute vielleicht frisch verliebt, in jemand anders. Das ist normal. Ich hab' mir nie etwas daraus gemacht. Dann wissen die Jungs oft nicht, was sie tun sollen. Nicht jeder ist souverän genug, eine solche Situation zu meistern. Ich habe hier echt empirische Studien vorzuweisen. Steht aber in keiner Beurteilung, obwohl diese Art Menschenkenntnis für meine Position durchaus sachdienlich ist. Denn meine unteren Dienstgrade sind ja in der Regel Männer zwischen zwanzig und dreißig. Da ist Selbstsicherheit zum Teil noch ein Entwicklungsthema.«

»Und Sie tragen dazu bei, diese Entwicklung im Gange zu halten«, spöttelte er.

»Ja! Ganz uneigennützig, leider auch ohne Soldverbesserung.«

»Ein Ehrenamt quasi!«

»Ein Akt der Nächstenliebe!« Sie feixte. »Sie wissen selbst, wenn man helfen kann, erfreut man sich an der Freude des anderen!«

»Ja, Geben ist seliger denn Nehmen, gerade in diesem Zusammenhang, das hört man immer wieder«, grinste er zurück. »Gleich fegt uns der Barmann übrigens heraus, Leutnant, wir sind die letzten, würde ich sagen! Hat Spaß gemacht, und ich freue mich auf die gemeinsame Zeit, auch wenn ich Ihnen eigentlich raten muss, sich an Bord nicht zu viel mit einem Wehrpflichtigen herumzuärgern.«

»Jetzt jammern Sie mal nicht, Matrose, nehmen Sie Haltung an und kommen Sie mit! Ich habe da noch etwas zu naschen! Das sollten wir uns nicht entgehen lassen!«

Die Hochzeitsreise

Nach dem Standesamt waren wir in Emmaus, ohne die Kinder. Eckhart wollte da schon lange mal hin. Wir hatten einen Flug in aller Herrgottsfrühe, und bis wir von Ben Gurion endlich in Jerusalem ankamen, war es inzwischen gleißender Mittag.

Von der Herberge aus sind wir dann zum Tempelberg gegangen, die Entfernungen in der Innenstadt sind kurz. Dort haben wir den Felsendom besucht, ein achteckiger Grundriss mit kühlen Ornamenten, sehr schön, und gleich nebenan natürlich die Al-Aqsa-Moschee und die berühmte Klagemauer mit den vielen Zetteln, *»Jeder Quader ist Qual, und alle Qualen sind heilig!«* Zur Zeit des Abendessens, zu der die meisten Pilger in ihren Speisesälen sitzen, sind wir weitergezogen, auf die andere Seite des Kidrontals, und zwar zum Garten Getsemane, und haben dort bei einem kleinen Picknick Weißbrot mit Olivenöl und Salz gegessen, Wein getrunken und in Stille gespürt, wo wir waren. In Richtung Mittelmeer war die Sonne längst farbenfroh untergegangen, bis alles in ein großes blaues Zelt versunken war. Ein bisschen haben wir sogar gefröstelt nach der trockenen Hitze des Tages auf unseren Rücken. Wir sind lange geblieben.

Am nächsten Morgen suchten wir die Schädelhöhe auf, die Stätte der Hinrichtung. Sie liegt ganz in der Nähe der Grabeskirche, ehemals außerhalb der Stadtmauern. Die Pilger wimmelten in ihrer Unruhe wie die Ameisen umher. Eckhart findet, dass der Ort für das gewaltige Geschehen im Grunde viel zu eng ist, er meinte, für diesen Anlass müssten mindestens die Alpen entstanden sein oder der Berg Ararat.« Sylvia zuckte die Schultern. »Mir war es groß genug dort. Die Krippe in Bethlehem war auch nicht größer.

Wir hatten unsere kleinen Rucksäcke bereits aus der Unterkunft mitgenommen, und so verließen wir den heiligen Ort und machten uns nach Emmaus auf. Das ist weiter, als man denkt. Also ließen wir mit dem Bus erst die Vororte von Jerusalem hinter uns, um dann die letzten 12 km zu Fuß zu gehen. So wanderten wir über Stock und Stein durch eine staubige Steppe, durch trostlose Dörfer an unbeseelten Asphaltstraßen entlang, und glaubten ein bisschen, wir wären Kleopas und seine namenlose Gefährtin, die wir kurzerhand Kleopatra tauften, obwohl sie wohl eher Maria oder Miriam hieß.

In der Nacht beschlich mich ein großartiges Gefühl. Eckhart schmiegte sich zum Eindösen an meinen Rücken, eigentlich nichts Ungewöhnliches, und doch, ich strahlte über das ganze Gesicht ins Kissen hinein und wusste nicht, warum. Es war wirklich schön.

Am Mittwoch fliegen wir nach Rio, alle zusammen, und dann natürlich nach Pernambuco, um alte Kontakte zu pflegen. Fausto kommt auch dorthin.«

»Er hat es mir eben erzählt«, nickte die Trauzeugin. »Ich spiele mit dem Gedanken, ob ich auch mitkomme. Wäre euch das recht?« Sylvia schaute sie an und umarmte sie, ein bisschen stürmisch.

Das Teleskop

Ich habe seit Neuestem in Tirol ein Teleskop. Wenn ich in meiner Hütte bin, stehe ich jetzt oft nachts auf und beobachte Sterne. Auf fast dreitausend Metern Höhe ist der Himmel bei wolkenlosem Wetter klar wie in der Wüste, wenig Feuchtigkeit, kein Staub, kein Licht aus den Städten.

Das Sternenzelt gebietet immer Ehrfurcht, so gewaltig ist es, ich stehe da manchmal mit offenem Mund und vergesse zu atmen. Der Nachthimmel ist voller Energie, zwischen den Sternen strahlt er ein sehr ruhiges Dunkelblau aus. Oft kommt mir das im Traum dann wieder, ein großartiges, tiefes Willkommen, vor dem ich zuerst mit Herzklopfen zurückweiche, bevor ich mich im Vertrauen darauf einlasse.

Auf dem Mond kann man sogar durch Berg und Tal wandern gehen, so nah bringt das Teleskop das Auge dorthin, durch Licht und Schatten nimmt alles Tiefenschärfe und Gestalt an. Leider gibt es keine Murmeltiere da oben.

Im Altertum ist man davon ausgegangen, dass Planetenbahnen kreisrund sind. Das sind sie natürlich nicht, sie sind eher elliptisch und müssen nicht einmal für immer stabil bleiben. Planeten können ihre Bahn verlassen. Und auch die Erde ist ja eigentlich keine Kugel, sie ist oben und unten abgeflacht, sie hat hohe, zackige Berge von fast neuntausend Metern Höhe und mit Salzwasser gefüllte Tiefen von ungefähr elftausend Metern. Das würde man im Maßstab betrachtend bei einer Kugel zum Kegeln schon als störend empfinden. Ich kann verstehen, dass die alten Griechen so nah bei den Göttern vollendete Formen vorausgesetzt haben, nur wissen wir inzwischen, dass geometrische Figuren in der Natur nicht zu erwarten sind, auch nicht am Himmel.

Dasselbe gilt ja auch für das Weltall. Es dürfte kaum aus der Explosion eines ausdehnungslosen mathematischen Punktes entstanden sein, viel eher aus Bewegungen von Energien, womöglich Quantenfluktuationen. Wir können uns gleichwohl eine Art von besonders großer Entladung vorstellen, vielleicht gar mehrere, oder Explosionen überall zur selben Zeit. Beim letzten Kräftebündeln vor dem ersten für uns heute erklärbaren Aufblühen könnte ein Tropfen das Fass zum Bersten gebracht haben. Dabei könnten bei ungewöhnlich hohen Temperaturen aus freiwerdender Energie unvorstellbar große Mengen von einfachen chemischen Elementen wie Helium und Wasserstoff entstanden sein, die sich viel später zu Sternen zusammenwirbelten und dort zu komplexeren Elementen verschmolzen. Die Sterne brannten über die Jahrmillionen aus und fielen in sich zusammen, die verbleibende Asche, der Sternenstaub also, und Gase sowie die freigesetzten Energien bildeten andere Formen von Himmelskörpern, die bei allen zugegebenen Unterschieden zueinander unseren Nachbarplaneten wie etwa Jupiter, Saturn und Mars und eben auch unserer Erde immer noch sehr ähnlich sind.

Dann bildete sich, oh wunderbare Fügung, denn die Voraussetzungen dafür scheinen im Universum zumindest äußerst selten vorzuliegen, am Meeresgrund der Erde das, was wir Leben nennen, nämlich Organisationsformen kohlenstoffhaltiger Materialien, die durch Wärme oder Licht und unter ansonsten günstigen Bedingungen Stoffwechsel am Laufen halten, dabei wachsen, und, bevor sie wieder zerfallen, sehr verwandten, jedoch nicht unbedingt genau gleichen Wesen auf den Weg helfen können. Und diese Gebilde haben von Anfang an anderen Organismen Nährstoffe entnommen, um selbst zu gedeihen, sich fortzupflanzen oder auch bloß für eine Weile weiterzubestehen, vom Einzeller über Schwämme und Pilze bis zur Spinne, die schon ihr Netz spannte, als noch kein Fischer je eins auswarf, und bis zur Löwin, die ein Lamm reißt und damit ihre Jungen aufzieht. Daher gibt es das scheinbar Böse in der Welt, gibt es Grausamkeit, gibt es Krankheit und Tod und die ausbeutende Macht des Stärkeren über die Lebensverläufe der Schwächeren. Das alles könnte einem größeren Plan folgen, der sich uns Sterblichen hin und wieder zum Teil erschließt, doch wenn wir ehrlich sind, sieht es nach einem höheren Ziel nicht wirklich aus. Damit sollten wir zurechtkommen. Sichtbar sind allenfalls Naturgesetze, gemäß derer sich Energien entfalten und zu komplexen, jedoch instabilen Strukturen aufbauen. Und entsprechend leben auch wir Menschen, zunächst ohne besondere Stellung im Kosmos, von anderen Substanzen aus Flora und Fauna, und auch unsere Organe bringen zur Energieumsetzung Kohlenstoff mit Sauerstoff zusammen und scheiden über halbdurchlässige Zellmembranen Giftstoffe aus, die andere Organismen gar nicht so schädlich finden, sondern ihrerseits verwerten und wiederum Reste übriglassen, die immer noch auf dankbare Abnehmer treffen. Unsere Zellen sterben nach einer Weile ab, neue Zellen bilden sich, kräftigende wie störende, und wir gehen an Krankheiten wie Krebs oder Tuberkulose ein, die ihrerseits wieder selbst von Wildwuchs und Wuchern bestimmt sind.

Auf der Grundlage der allseitigen Verursachungsnetzwerke sind in besonderem Ausmaße die Leistungen unserer Nervenbahnen hervorzuheben, und größtes Erstaunen und gleichzeitig kritische Beobachtung verdienen unser bewusstes Selbstempfinden und das andauernde Panorama, das die Nervenzellen und synaptischen Verschaltungen unserer Vorfahren in generationenlanger iterativer Wechselwirkung mit den Eindrücken unserer Augen unter anderem von verheißener Beute und drohender Gefahr zu bilden gelernt haben und immer noch lernen, und das alles im Zusammenwirken mit der Wahrnehmung der Ohren, der Haut, der Nase und der Zunge, sprich des ganzen Leibes. Dasselbe gilt für die Fähigkeit zu Erinnerung und Träumen, die Steuerung unseres Lebens durch Instinkte und Ängste sowie für die weiterhin wachsenden Fähigkeiten unseres Verstandes, der uns wiederum ermöglicht, das durch die Natur der Dinge, durch Jagd, Viehzucht, Krankheit und Tod unvermeidlich auftretende Leid zu lindern und kein von Menschen gemachtes mehr hinzuzufügen, wenn wir nur wollen.

Bei all dem Entstehen und Vergehen von Wimpernschlag zu Wimpernschlag schimmert hier und dort zwischen zartem Frühlingsgrün und wehmütigem Oktobergold etwas Bleibendes durch, etwas zumindest Wiederkehrendes, ein nie endender Wille zum Leben, zum Wachsen und Werden. Und auch wir haben diese Kraft in uns und erleben sie, wenn wir uns bewegen und unsere Haut den Elementen aussetzen, wenn wir einander ohne Angst begegnen und unsere Seelen sich heilend berühren, wenn wir Musik hören, wenn wir mit offenen Augen durch Wald und Feld und dereinst mit dem Stock durch den kleinen Garten gehen, wenn wir in der Ferne den blauen Horizont erkennen oder still den Weg nach innen beschreiten, Schuld und Scheitern hinter uns lassen, dann spüren wir in uns das ewige Leuchten, dem wir eben auch in unserer letzten Stunde aufrecht und ehrfürchtig entgegensehen wollen.

Eine seltsame Sache ist das, so ein Teleskop!

Der Tenor und die Organistin

Gestern Abend habe ich die Eroica gehört. Ergreifend, wirklich, ein wahrer Heldengesang.

Ich würde mir eine Eroica allerdings hier und da doch anders vorstellen. Wir wissen nicht erst seit Nietzsche, dem kränklichen Philologen aus deutschem Pfarrhause, der das Wechselspiel von Musik und Tragödie ins rechte Licht rückte, dass der Gipfel der gesamten Gattung Heldenepos die Geschichte des Retters der Menschheit aus Nazareth ist. Denn dessen Anliegen war in einem derart überwältigenden Maße groß, dass seine eigene Existenz dagegen verschwindend klein wirkte und sein physisches Weiterleben für ihn also trotz Blut und Schweiß im Garten an der Ölpresse überhaupt nicht ins Gewicht fiel. Das Freiheitsaufbegehren des Sturms auf die Bastille und ihrer späteren Symbolfigur, des aus eigener Hand und Selbstherrlichkeit gekrönten Caesars aus Korsika, dem die Symphonie zuerst gewidmet wurde, verblasste dagegen schon nach wenigen Jahrzehnten wie ein experimentelles Schülertheater.

Versetzen wir uns also für den ersten Satz an den Beginn der Karwoche, in die Atmosphäre des Palmsonntags. »*Benedictus, qui venit in nomine domini*«, nicht zu Pferde, sondern auf einem Esel reitet der, der da kommt, in die befestigte Stadt Jerusalem ein, unter dem Jubel der Passanten und auf einem Teppich aus Palmwedeln. Alles, was wir seit dem Magnificat der Magd des Herrn wissen, »*Zu Bethlehem geboren*«, »*Gloria in excelsis deo*«, wie die Engel über die Felder den Hirten zujubeln, alles, was wir seit dem Besuch der Sterndeuter aus dem Morgenland, der Flucht nach Ägypten, seit der Darstellung im Tempel und dem Besuch im Hause des Vaters durch den Zwölfjährigen, seit der Bergpredigt, »*Selig die Armen*«, seit der Erweckung des Lazarus, der Heilung der Blinden, der Lahmen, seit der Vertreibung der Tauben und der Geldwechsler, alles, was wir seit der Austreibung einer ganzen Legion von bösen Geistern in eine Herde Schweine gehört haben, die Versuchung in der Wüste, die Taufe im Jordan, *»Dies ist mein geliebter Sohn«*, all das ist in dem Hosianna des ersten Satzes enthalten.

Zweiter Satz, Gründonnerstag! Beethoven beginnt hier mit einem Trauermarsch, der Mendelssohn längst vorwegnimmt. Dreizehn Männer sitzen, so wird überliefert, vor den Toren der Stadt zu Tische und brechen das Brot und trinken Wein mit Wasser. Es sind wohl auch einige Frauen zugegen, denn am nächsten Tag unter dem Kreuz sind sie ja auch zur Stelle, werden also auch beim Abendessen in der Nähe gewesen sein, vielleicht nicht am selben Tisch. Der Anführer, den sie Lehrer nennen, ist gedämpfter Stimmung und berichtet den anderen, dass er in dieser Nacht ausgeliefert werde, und zwar, und das erschreckt und verunsichert sie, durch einen von ihnen. *»Bin ich es, bin ich es«*, rufen sie, und ihr Lehrer sagt, dass es für den, der ihn verrät, dass es für diesen besser gewesen wäre, nie geboren worden zu sein. Da ist es mit dem traurigen *»Beim letzten Abendmahl«* nicht getan. Schrille Dissonanz wäre hier am Platz! Dann Getsemane, *»Bleibet hier und wachet mit mir«*. Jesus versenkt sich, spürt existenzielle Angst, ist im Kontakt mit seinem Gott, ahnt den kommenden Tod, zögert kurz, ergibt sich dem Willen des Vaters, die anderen schlafen. Dann treffen sie auf die Häscher, Petrus haut dem Malchus ein Ohr ab, Judas bekommt seinen vermeintlichen Lohn, erhängt sich.

Dritter Satz, Karfreitag! Beethoven scheint hier die Mutter aller Schlachten vor Augen zu haben, die Hörner blasen Naturtonintervalle, die militärische Signale, Angriff, Schwenk nach links oder rechts oder den taktischen Rückzug nachempfinden könnten. Eine innere Agonie oder ein zerreißender Kampf des Weltenretters klingt daraus jedoch nicht. Waldhörner können dunkles Unheil verkünden, das hören wir bei Wagner. Hier klingen sie allerdings nur wenig tosend, ihr Ruf reicht bestenfalls für ein romantisch verklärtes Jagdvergnügen. Beethoven, ganz im entspannten Harmoniesystem, lässt hier im Grunde eine Hubertusmesse blasen. Das ist selbst für Napoleon ein wenig unter Niveau, erst recht also für den Erlöser des Menschengeschlechtes, denn wir haben Verleugnung vor uns, dreimal kräht der Hahn, Pilatus, der Schwache, der die feige Hinrichtung eines Gefangenen nicht verhindert, wäscht sich die Hände in Unschuld, »*Barrabas, den Barrabas!*« ruft das aufgewühlte Volk, Geißelung, Dornenkrone, »*Oh Haupt voll Blut und Wunden*«, Simon von Zyrene trägt den Balken, Veronika kommt mit dem Tuch, »*Frau, dies ist dein Sohn*«, »*Heute noch wirst du bei meinem Vater im Paradies sein*«, »*Mein Gott, mein Gott, warum hast du mich verlassen?*«, es fließt Wasser und Blut aus der Seite, der Leichnam wird in eine Höhle gelegt, ein Stein davor gerollt.

Bach wäre an dieser Stelle mit seinen Passionen am Ende. Doch der göttliche Kampf geht weiter. »*Hinabgestiegen in das Reich des Todes*«, der Retter, der Heiland ringt um die Befreiung der Menschheit aus den Klauen des Bösen, des Versuchers.

Vierter Satz, Frühlingserwachen, Ostern! Maria Magdalena eilt den Männern voraus zum Grab, es ist noch dunkel. Wer mag ihr wohl den Stein vom Eingang zur Höhle wegrollen? Die Unsicherheit ist groß, Vögel zwitschern in ihre Trauer, ihre Ungeduld, Fassungslosigkeit beschleunigt ihren Schritt. Sie trifft auf den Gärtner, den Engel, auf ihren geliebten Freund und Lehrer. »*Fürchte dich nicht*«, hört sie. Wie soll das aber gehen? »*Noli me tangere!*« Nichts sehnlicher wünschte sie sich, als ihm lebend um den Hals zu fallen. Doch hat sie ihn sterben sehen, hat ihn mit den anderen zu Grabe getragen. Maria läuft den Jüngern entgegen, außer Atem. Das Finale setzt ein: »*Lasset die Posaunen erschallen!*« »*Das Grab ist leer, der Held erwacht!*« »*Halleluja!*«

Ein Knaller, oder, was meinen Sie?«, fragte er die Organistin. Diese lächelte in ihr Glas und erwiderte: »Sie meinen also eine Art Sinfonia solemnis? Ja, warum eigentlich nicht? – Wissen Sie was? Lassen Sie uns lieber tanzen. Ich werde von dem vielen Essen ganz träge.«

Eine Freundin versteht die Welt nicht

Als Noah die Arche baute, quälte sich seine liebe Frau, Naama hieß sie wohl, mit der Überlegung, wohin das eigentlich alles führen sollte, und sie haderte mit ihrem Schöpfer. Vielleicht hatte, so dachte sie, Gott tatsächlich geglaubt, dass Tiere nur Pflanzen fressen würden und dass der Mensch sich allen Tieren und auch seinen Nachbarn gegenüber als Beschützer bewähren würde. Aber nun musste doch auch er bemerkt haben, dass es anders gekommen war. Und obwohl Naama nicht einsehen konnte, dass der Mensch sich aus eigener Bosheit zum Wolf seiner eigenen Gattung entwickelt hatte, sondern vielmehr dachte, dass der Bauplan der Welt schon von Anfang an nicht besonders gut ausgefeilt gewesen war, so hatte sie doch so viel Scheu vor ihrem Schöpfer und so viel Gottvertrauen, dass sie ihm das Scheitern der Schöpfung nicht ausdrücklich vorwarf. Außerdem wollte sie Noah und sich selbst und ihre Kinder auch nicht gefährden. Sie befürchtete allerdings, dass die Sintflut, die sie nun kommen sah, wohl auch teilweise unschuldige Opfer verlangen würde, und sie überlegte sich, wie dies in Zukunft besser zu regeln sei. Und sie wandte sich an Gott und schlug ihm folgenden Plan vor:

»Gott«, sagte sie zu ihm, »ich will nicht übermütig wirken. Ich möchte in voller Demut einen Vorschlag machen, den du ganz gewiss verwerfen kannst, ohne dass meine Treue zu dir darunter litte. Du wirst auf den ersten Blick vielleicht annehmen, dass ich mich ungebührlich in den Mittelpunkt stelle, aber das tue ich nur, weil du Noah, meinem Mann, und mir bisher vertraut hast, und ich denke dabei nicht bloß an meinen eigenen Vorteil, sondern an die gesamte Menschheit, ja eigentlich an das Gelingen der ganzen Schöpfung, deiner einzigartigen Schöpfung, auf die du jetzt so zornig bist und die du doch so wohlwollend ins Leben gerufen hast.«

Und Naama spürte, dass Gott sie nicht unter-
brach, und so fuhr sie fort.

»Gott«, sprach Naama zu ihm, »ich möchte
dich bitten, den Tod nicht mehr zuzulassen.
Du weißt, dass du dich auf Noah und mich
verlassen kannst, und auch meine Kinder habe
ich so erzogen, dass du sie nicht mehr sterben
lassen musst. Wenn du jetzt alle Menschen und
Tiere sterben lässt außer uns, dann soll danach
nie wieder jemand sterben müssen. Befrei uns
vom Tod, und wir werden dir ewig dankbar
sein. Denn mal ehrlich, großer Gott, zu wel-
chem Zweck baut Noah dieses Schiff, wozu
fliehen wir vor dieser Flut, wenn wir am Ende
doch sterben müssen, und alle unsere Nachkommen auch. Lass mich meine Enkel in Demut und Gottesfurcht erziehen. Es muss mit
deiner Hilfe möglich sein. Ich freue mich, dass
Noah, mein Mann, dein Auserwählter ist. Er
wird seine Sache gut machen. Also gewähr du
mir, großer Gott, meine Bitte. Wir dürfen nicht

mehr sterben müssen, wenn wir deine Flut überstanden haben.«

Naama hatte nun das dumpfe Gefühl, dass Gott Bedenken hatte, und so hielt sie ihm einen Ausblick vor Augen, der ihm seine Sorgen nehmen sollte:

»Gott, das Paradies damals ist für Adam und seine Sippe wohl groß genug gewesen. Seine Nachkommen aber hätten bestimmt irgendwann mehr Platz gebraucht, und man hätte es erweitern müssen. Jetzt fangen wir wieder mit acht Personen an, denn unsere drei Söhne nehmen ihre Frauen mit auf das Schiff, wie du es uns geboten hast. Sie werden wieder Kinder haben und sich sogar darüber freuen, und ein großes Volk wird entstehen und die ganze Erde besiedeln. Aber ich sage dir, der Tod ist keine Verheißung, und wir brauchen ihn auch gar nicht, denn wie ein Maultier kein Maultier hervorbringt, werden wir eines Tages, wenn das Volk groß genug ist, keinen Menschen mehr gebären. Denn jeder soll satt werden an den Früchten, die uns deine Schöpfung schenkt.«

Gott schien beruhigt zu sein, und so vollendete Naama ihren Vorschlag.

»Wenn du meinen Nachkommen nicht traust, kannst du meinetwegen Noah, meinen Mann, zum Priester und Fürsten der gesamten Menschheit machen, wenn du willst, ja zu deinem Stellvertreter auf Erden, denn er wird der Stammvater aller Menschen sein, und jedermann wird wissen, dass er die Arche, seinen schwimmenden Kasten da aus Pech und Zypressenstämmen, nur bauen durfte, weil er deine Gebote geachtet hat. Er wird für Gerechtigkeit sorgen.«

So sprach Naama, die Frau, zu Gott, dem Schöpfer und Zerstörer, und die Flut kam und vernichtete alle Menschen und Tiere, nur Noah und seine kleine Familie und die Tiere auf seinem Schiff wurden gerettet, und sie fingen von Neuem an, die Erde zu bevölkern, und alles begann wieder von vorne. Naama aber konnte es nicht begreifen, es ging über ihren Verstand, was Gott da tat. Und Noah, ihren Gatten, verstand sie auch nicht. Wenn Gott nur eine Frau wär' …

Der Bräutigam berichtet
über den Tod eines Freundes

Der Gründonnerstag lag in diesem Jahr in der zweiten Aprilwoche. Wir kamen, wie früher so oft, in unseren Park in der Nähe, in dem zwölf ausgewachsene Kirschbäume um einen kleinen Teich herum gerade jetzt in voller Blüte standen. Einer der Bäume war dereinst vom Sturm halb entwurzelt worden und tauchte nun wie eine Weide mit den unteren Ästen ins Wasser. Auch die prächtigen Kronen der anderen spiegelten sich wie weiße Wolken am Saum des Weihers. Schwäne zogen ihre Kreise.

Wir setzten uns auf eine verwitterte Holzbank, gerade gegenüber der gesenkten Stirn des schräg über das Wasser ragenden Kirschbaums, und betrachteten das vor uns liegende Bild.

»In neun Wochen sterbe ich. Fausto hat es wieder bestätigt. Was ist auch so schlimm daran?

Andere sind auch gestorben. 63 Tage habe ich noch vor mir, Fronleichnam also. Dann sind die ersten Kirschen reif. Was tue ich in der Zeit, außer auf's Wasser zu gucken? Ein Bäumchen pflanzen, damit es im nächsten Jahr wieder blüht? Ich könnte Bomben entschärfen. Das Risiko wäre für einen Familienvater groß, aber mit meiner Aussicht ist es äußerst unwahrscheinlich, dass mir jetzt noch etwas passiert. Immerhin habe ich bis dahin mein 73. vollendet. Das ist nicht biblisch hoch, aber doch ganz in Ordnung. Ob der Hafen ausgebaut wird oder der Bahnhof seine historische Fassade behält, ist jetzt auch nicht mehr so wichtig. Die Vorbereitung meiner Trauerfeier macht mir natürlich keinen Spaß, denn richtig Sinn würde das alles nur ergeben, wenn ich dann auch dabei wäre. Andererseits finde ich eine große Abschiedsfeier mit vollem Orchester, bei der ich mich dann mit einer langen Ansprache bei allen bedanke, beklemmend. Im Mai gehe ich in den Alpen wandern. Die Einsamkeit oberhalb der Baumkante und die grandiosen Ausblicke beruhigen mich, und wo soll ich denn sonst auch hin mit mir. Danach ziehe ich mit einem Köfferchen in ein Hotel. Mein Hab und Gut muss jetzt verschenkt oder entsorgt werden. Hinterher steht es nur herum. Die Akten und Unterlagen können auch weg. Rente bekomme ich dann ja ebenfalls nicht mehr. Zeugnisse, Zeitungsausschnitte, alles wird wertlos. Das restliche Geld fließt an eine Mädchenschule in Indien. Ich vereine mich dann also mit der immerwährenden Kraft, die das Leben stets auf's Neue entstehen und vergehen lässt, oder mit dem großen Bewusstsein. Das finde ich gar nicht so übel. Aber es ist natürlich kein Trost.«

»Du kannst solange zu uns kommen«, lud ich ihn ein, während die weißen Blütenblätter in der leichten Brise wie Schneeflocken ihrem Untergang entgegen segelten. »Sylvia weiß Bescheid.«

Ich glaubte jetzt zum ersten Mal an dieser Stelle vor einer großen Uhr zu sitzen, mit dem gefallenen Baum, dem Judas, als Zeiger.

Der Trauzeuge erzählt
eine wahre Begebenheit

Hoffentlich ist der Koch eine ehrliche Haut. Mit einem solchen Messer könnte man die Stadt vom Tyrannen befreien, wie Schiller sich ausdrückt. Das ist meistens ein heikles Unterfangen, denn selbst wenn es gelingt, bewahrt es andere nicht immer vor Terror. Wenn es nicht vom Militär und hohen Regierungsbeamten unterstützt wird, werden die Freunde und Profiteure des Diktators weder den Täter noch andere sogenannte Staatsfeinde schonen, selbst wenn letztere mit dem Attentat nichts zu tun haben. Ein Entrinnen ist für den Attentäter beinahe unmöglich, allerdings ist seine Tat zumindest mutig. Das ist bei der Hinrichtung eines wehrlosen Gefangenen gänzlich anders, vor allem, wenn der Mörder den Kick sucht und glaubt, dass er hier ohne Konsequenzen etwas tun kann, was draußen sonst schwer bestraft würde. Wenn ihr mögt, erzähle ich ein wahres Beispiel aus den Vierzigerjahren. Wir müssen aber zuerst einschenken. Also, fangen wir am Morgen der Tat an …

Neun Uhr fünfundzwanzig

(**Zuhause**): Heute muss es sein. Er hält heute Abend im Bürgerbräukeller wieder eine seiner Hetzreden. Die Säule hinter dem Rednerpult ist vorbereitet. Der Hohlraum ist groß genug für die Bombe. Der Zeitzünder arbeitet zuverlässig. Seine Handlanger stehen dann gleich neben ihm, wie jedes Jahr. Um kurz nach neun heute Abend kracht es. Beinahe ein ganzer Tag ist es noch bis dahin. Hoffentlich ist keine der Kellnerinnen in der Nähe. Sie sind immer so nett, vor allem Fräulein Henle. Es gibt bestimmt Verletzte. Ich setze mich in den unteren Bereich des Saales hinter eine Säule. Da bin ich vor Splittern sicher. Es wird ja nicht gleich das ganze Haus einstürzen. Die Wirkung der Detonation ist schwer zu berechnen. Im Steinbruch werden schwere Massen gesprengt. Ziegelmauerwerk ist leichter. Zumindest die Säule hinter der Bühne fällt weg. Die Decke ist aus Holz. Es wird brennen. Ich muss in der Nähe der Tür sitzen. Alle werden zum Ausgang stürmen. Dort wird es wieder Verletzte geben.

Ich muss Kaffee machen und Eier. Ich darf heute nicht nervös werden. Es könnte sonst mein letzter Tag sein. Ich kann mir keinen Fehler erlauben. Dann gehe ich in die Werkstatt. Am Nachmittag muss ich in den Bürgerbräukeller. Ich hätte die Bombe lieber in der vergangenen Nacht eingebaut. Die Säule habe ich auch nachts ausgehöhlt. Dreißig Nächte lang habe ich dort geschuftet. Kein Staubkorn durfte morgens zu sehen sein. Die Bombe muss ich tagsüber einsetzen. Ich traue dem Zeitzünder nicht über eine längere Zeitspanne. Bestimmt bin ich übertrieben vorsichtig. Am Ende kenne ich mich doch nicht genug damit aus. Ich muss unbedingt vor den Sicherheitsleuten da sein. Am besten gehe ich schon jetzt zuerst in den Saal. Ich will nachsehen, ob sie umgeräumt haben. Es wird schon seltsam genug sein, wenn ich mich an der Säule zu schaffen mache. Eigentlich brauche ich nur die Klappe zu öffnen, die Bombe hineinzulegen, die Klappe zu schließen, und darf mich dabei nicht erwischen lassen. Das ist die Kunst. Also esse ich jetzt und trinke den ganzen Tag kein Bier, egal wen ich dort treffe. Ich habe im Zweifel ein Nierenleiden.

Zehn Uhr vierundzwanzig

(**Im Bürgerbräukeller**): Hier ist alles in Ordnung. Das Rednerpult steht schon vorne auf der Bühne, nur drei Meter vor meiner Säule. Ich gehe später mit einem Eimer und einer Leiter durch den Saal und kontrolliere die Lichtschalter. Dann kann ich mich für eine halbe Minute an der Säule aufhalten.

Ich lese Zeitung. Die Versammlung von heute Abend wird angekündigt.

Ich habe schon viele Tote gewaschen. Selbst habe ich noch nie jemanden getötet. Ich bin kein Verbrecher. Ich bin mit meinen paar Kröten immer ausgekommen. So schlecht verdient man nicht als Leichenwäscher, und im Steinbruch auch nicht. Ich tue es ja auch nicht für mich. Ich tue es für alle. Ich habe dadurch nur Scherereien. Die Flucht ist riskant. Und Fräulein Henle kann ich nichts sagen. Sonst hängt sie mit drin.

Elf Uhr dreiundzwanzig

(In der Werkstatt): Die Bombe ist fertig. Der Sprengstoff ist von bester Qualität. Mit dem Material haben wir im Steinbruch Felsen gesprengt. Ich habe das Pulver immer trocken gelagert. Wenn der Ofen knisterte, war es mir manchmal etwas mulmig zumute. Heute bleibt er kalt. Ich gehe ja gleich wieder. Auch der Zünder ist ein Meisterwerk. Es steckt viel Wissen in so einem kleinen Ding. Ich habe mich überall erkundigt und viel ausprobiert. Jetzt ist er sehr zuverlässig, hoffentlich.

Die Werkstatt sieht nicht gefährlich aus. Ich stelle alles so auf, als hätte ich gerade noch an einem Uhrwerk gearbeitet. Ich fege feinen Sand und Holzspäne von einer Ecke in die andere. Am besten halte ich mich hier nicht mehr auf, und in meiner Wohnung auch nicht. Die Nachbarn wissen eigentlich nicht viel über mich. Ich erzähle ihnen, dass ich in Nürnberg einen Auftrag habe.

Zwölf Uhr zweiundzwanzig

(Noch in der Werkstatt): Wenn sie mich erwischen, bringen sie mich um. Einen Gerichtsprozess brauchen sie nicht. Vorher werden sie mich foltern. Sie werden wissen wollen, wer dahintersteckt. Einem kleinen Arbeiter allein traut man so etwas nicht zu. Im Lager bringen sie die Leute einfach per Genickschuss um. Dann sind die

Organe noch brauchbar. Oder sie hängen mich auf. Das kostet am wenigsten. Jedes Mal, wenn ein Wärter außer der Reihe kommt, rutscht dir das Herz in die Hose. Jetzt bist du dran, denkst du. Das kann mehrmals die Woche passieren, Jahre lang.

Seine Nachfolger werden nicht so geisteskrank sein wie er. Vielleicht übernehmen Offiziere aus der Kaiserzeit das Ruder, oder Advokaten. Das sind nicht direkt meine Lieblinge, und auch sie werden hinter mir her sein. Aber sie werden zumindest nicht alles ruinieren. Ich möchte es eigentlich gerne erleben. Es ist unwahrscheinlich, dass sie mich finden. Ich gehöre keiner Verschwörung an. Keiner kennt meine Pläne. In meiner Werkstatt liegt viel mechanisches Zeug herum. Spuren von Sprengstoff kann ich nicht ausschließen. Die können sie eigentlich nicht auffinden. Andererseits, ich habe im Steinbruch gearbeitet. Das werden sie glauben.

Dreizehn Uhr einundzwanzig

(Wieder im Bürgerbräukeller): Heute lebe ich über meine Verhältnisse. Ich esse Braten mit Knödeln und Rotkohl. Es ist noch nicht viel los. Ich erzähle einem Kellner, dass ich heute Geburtstag habe.

Im Krankenhaus haben sie Behinderte totgespritzt. Jeder von ihnen ist so viel wert wie er. Ich habe sie gewaschen. Die Ärzte sollen sich schämen. Aber die machen mit. Sie reden von Befehlen. Deshalb muss ich den Führer treffen. Ihm befiehlt niemand.

Ich bin dann in den Steinbruch gegangen. Dort gab es Sprengpulver. Ich habe jeden Tag eine Tüte voll mitgenommen, nicht viel. Ich habe keinen richtigen Beruf gelernt. Jetzt sehen alle, dass ich Zeitzünder bauen kann. Schade, dass Vater nicht mehr lebt.

Vierzehn Uhr zwanzig

(Noch im Bürgerbräukeller): Du sollst nicht töten, heißt es. Ich tue es trotzdem. Er wird ansonsten viele in den Tod reißen. Der eine Tod rettet vielen das Leben. Die meisten davon sind unschuldig. Andere sind begeistert. Sie bleiben auch verschont. Ich gönne es ihnen. Es fehlt ihnen an innerer Haltung. Sonst hätten sie nie mitgemacht. Ein aufrechter Mensch tut so etwas nicht. Sie sollen neu anfangen und es besser machen.

Ich kontrolliere jetzt die Lichtschalter und setze den Sprengsatz ein. Nur keine Unruhe zeigen. Ich habe hier schon oft kleine Sachen repariert. Der Chef weiß, dass ich mich über ein Trinkgeld freue.

Fünfzehn Uhr neunzehn

(Immer noch im Bürgerbräukeller): Alles ist an Ort und Stelle. Ich lese wieder Zeitung. Mein

Leben ist nicht sinnlos. Ich verändere die Welt zum Guten. Millionen Menschen bewahre ich vor dem Krieg. Das macht mich heute nicht glücklich. Ich bin zu unruhig. Ich muss in die Schweiz kommen. Erst dann kann ich mich beruhigen. Es wird lange dauern. Immerhin töte ich ein paar Menschen. Vielleicht wäre ich besser schon heute in die Schweiz gefahren. Morgen werden sie alles sehr streng kontrollieren. Wenn sie die Nachricht aus München bekommen, gibt es kein Entrinnen mehr.

Sechzehn Uhr achtzehn

(Beim Verlassen des Bürgerbräukellers): Ich gehe jetzt. Die Sicherheitsleute sind da. Sie werden gleich alle Personen auffordern, den Saal zu verlassen. Dann lassen sie nur noch Leute mit Eintrittskarten herein. Ich habe eine. Es gibt immer Parteigenossen, die an einem solchen Abend etwas Besseres zu tun haben. Sie werden jeden auf Waffen kontrollieren. Mein Sprengsatz ist in der Säule. Ich bräuchte eigentlich gar nicht wiederzukommen. Aber ich komme wieder, mit leeren Taschen. Ich will sehen, wie es ausgeht.

Siebzehn Uhr siebzehn

(Draußen vor dem Bürgerbräukeller): Mit dem Tod endet alles. Ich bin dann weg hier. Mit meiner Familie habe ich seit langem keinen Kontakt mehr gehabt. Das ist besser so. Sie sollen mit gutem Gewissen sagen können, dass sie mich ewig nicht gesehen haben. Sonst bekommen sie nachher noch Schwierigkeiten. Dorthin werde ich auch auf keinen Fall fliehen, wenn ich verfolgt werden sollte. Verabschieden kann ich mich nicht von ihnen. Irgendwann kann ich mich dort melden. Hoffentlich bleiben alle gesund.

Achtzehn Uhr sechzehn

(Wieder im Bürgerbräukeller): Sie haben mich wieder hineingelassen. Ich sehe aus wie einer von ihnen.

Er hat keine Seele. Er ist ein Automat aus Fleisch und Blut. Man hört ihn reden und sieht ihn gestikulieren, laut, mitreißend, immer auf derselben Schiene, und es ist einem klar, dass seine Nerven, seine Stimmbänder, seine Arme, sein ganzer Körper für bestimmte mechanische Funktionen zusammengesetzt sind. Eine Seele lebt nicht in ihm. Er kann also nicht sterben. Er kann nur zerstört werden. Es geht auch nicht um Strafe. Er muss auseinanderfliegen. Wenn man ihn per Genickschuss töten würde oder am Strang, würde man ja noch das Zucken seines Körpers sehen. Eine ekelerregende Vorstellung! Dann wären seine Bestandteile nicht weit genug voneinander getrennt. Er muss zerfetzt werden. Seine Teile dürfen nie wieder zusammengesetzt werden können. Seine Hirnmasse muss auseinandergetrieben werden. Nichts darf mehr zusammenpassen.

Neunzehn Uhr fünfzehn

(Noch im Bürgerbräukeller): Ich bestelle eine Schweinshaxe. Sie bringen automatisch ein Bier. Ich trinke es nicht. Ich gebe mich als Chauffeur aus und schiebe es zu einem Tischnachbarn. Ich bestelle ein Wasser. Kaffee ist jetzt auch nicht mehr gut. Er macht mich nervös. Die Haxe schmeckt gut. Dennoch bleibt die Hälfte übrig. Ich bin schon nervös. Ich muss um die Ecke. Meine Jacke lasse ich auf der Stuhllehne hängen. Ich will genau diesen Platz behalten, für später. Die Säule schützt mich. Ich sehe die Rednersäule nur, wenn ich mich weit zum Nachbarn verrenke. Hoffentlich trifft ihn kein Trümmer.

Zwanzig Uhr vierzehn

(Weiterhin im Bürgerbräukeller): Es ist schlechtes Wetter draußen. Flugzeuge können bei dem Sturm nicht abheben. Es ist auch Schnee in der Luft. Er wird mit dem Zug nach Berlin fahren. Es ist ein Sonderzug. Es müsste eigentlich reichen, gegen Mitternacht zu fahren. Dann ist er am Morgen dort. Es besteht kein Grund zur Eile. Ich kann sein Gebrüll nicht ertragen. Trotzdem, hoffentlich dauert es noch lange an. Er liebt seine Reden. Er hört gar nicht auf. Er preist seine revolutionäre Tat. Er entwirft Pläne. Polen, Frankreich, Rasse! Mir ist übel.

Einundzwanzig Uhr dreizehn

(Immer noch im Bürgerbräukeller): Das kann doch nicht wahr sein. Er ist raus, weg! So kurz spricht er sonst nie. Sie fahren ihn zum Bahnhof. Warum so früh? In sieben verflixten Minuten geht die Bombe hoch. Unschuldige werden sterben. Ich gehe zum Rednerpult und brülle aufgeregt ins Mikrofon. »Der Führer ist auf dem Weg nach Berlin. Alles verlässt sofort den Saal!« Das Mikrofon ist ausgeschaltet. Marschmusik spielt auf. Ich fordere einen Uniformierten auf, das Mikrofon einzuschalten. Der Mann fragt, wer ich bin. Ich antworte leise und unbestimmt. Ich winke Fräulein Henle und gebe dem Mann ein Bier. Dann gehe ich mit ihr in die Küche. Sie geht mit mir zum Hinterausgang. Ich sage ihr, sie soll mich nicht kennen, wenn sie gefragt wird. Wenn sie unter einem Frauennamen Post aus der Schweiz bekommt, Cousine Herta, bin ich das. Sie soll dann nachkommen. Wir hören die Explosion. Pünktlich! Der Zünder war erstklassig. Einundzwanzig Uhr zwanzig.

Der Uniformierte von eben kommt mit zwei Schergen und sagt: »Nehmt ihn fest!«. Ich höre es kaum.

Der Bräutigam erinnert sich an einen seltsamen Traum

Ich war zum Betonieren einer Landebahn eingeteilt. Der Himmel war bleischwer und dunkelgrau. Vor mir fuhr ein umgebauter Panzer, den wir Elefant nannten. Er war mit zementgrauer Tarnfarbe unregelmäßig überstrichen, schwarze und olivfarbene Flecken gaben ihm auf die kurze Entfernung hin ein abgerundetes Aussehen. Sein Kanonenrohr hing verbogen nach hinten und schied Beton aus. Hinter ihm gingen barfuß einige Kameraden mit mir durch den frischen Mörtel und verteilten die graue Masse gleichmäßig nach links und rechts. Zu Beginn hatten wir noch Stiefel an, die jedoch an unebenen Stellen, an denen wir nachbessern mussten, im schon erhärtenden Beton stecken blieben. Auch die Uniformsocken fielen bald dem Zementsumpf zum Opfer. Der Elefant fuhr gnadenlos Bahn für Bahn und verteilte unendliche Mengen grauen Morasts auf die Moose und Gräser. Rückwärts gewandt sahen wir am welligen Horizont schon längst nur noch eine anthrazitfarbene Linie zwischen der Landebahn und den alles erdrückenden niedrigen Wolken. Jäh ereilte uns der Hilferuf eines gefallenen Kameraden, der sich nicht mit beiden Händen gleichzeitig aus dem Beton befreien konnte und auf Knien versuchte, mit uns Schritt zu halten. Zwei Kameraden ließen sich zurückfallen und griffen ihm unter die Arme, um dann selbst tiefer im Beton zu stehen und nicht mehr vorwärts zu kommen. Wir riefen stumm hinter dem Elefanten her, um ihm eine kurze Unterbrechung abzuringen. Er hatte allerdings mit seinen großen eisernen Ohren nur für seinen eigenen Dieselantrieb die notwendige Aufmerksamkeit. Wieder sahen wir links einen Kameraden stolpern, der Beton zog schnell an, jetzt fiel auch rechts jemand. Ich fragte mich, ob mein Bruder auch dabei war. Ich wollte ihm ein Tau zuwerfen, um uns abzuseilen. Er war aber wohl in einem anderen Trupp. Ich erinnerte mich, dass ich eigentlich keinen Bruder hatte.

Die Dämpfe stiegen mir schon in den Kopf. Vielleicht hatte ich meinen Vater vor Augen gehabt, in jungen Jahren. Ich beeilte mich, wieder näher an den Rüssel heranzukommen und die Entfernung kurz zu halten, auch wenn die Landefläche hier und da nicht perfekt eben war. Die Kräfte verließen uns, ein Ende war jedoch nicht in Sicht. Inzwischen war ich allein, ich hörte auch kein Rufen und Schnaufen der Zurückgebliebenen mehr. Einen Rüssel sah ich im Dunst auch nicht mehr. Das Grau der Wolken war einem klammen Nebel gewichen, der mit der nassen Oberfläche des Betons zu einem kalten Teig verschmolz. Der Dieselmotor war wohl schon zu weit vorne, um durch die eisige Watte noch Gehör zu finden. Der Beton zu meinen Füßen floss von selbst Meter um Meter weiter vor mir her, ich stieß ihn mit meinem Rechen zur Seite, er quoll unaufhörlich, bald schon würde alles Moos, jeder Halm, alles Geflecht überdeckt und begraben sein durch das ewige Eis, auch das Meer, ein einziger Panzer würde die Erde umgeben und jeden Keim ersticken. Ich ging weiter, Schritt für Schritt, Tag um Tag, die Füße wurden warm, der Rücken leicht, da ein strahlendes Licht durch den gläsernen Untergrund drang.